Sibylle LACAN

UN PÈRE

PUZZLE

Copyright © 1994 por Éditions Gallimard
Título original: *Un père: puzzle*
Gallimard – Paris, 1994
www.gallimard.fr

Publicado com a devida autorização e com todos os direitos,
para a publicação em português, reservados à Aller Editora.

É expressamente proibida qualquer utilização ou reprodução do conteúdo desta
obra, total ou parcial, seja por meios impressos, eletrônicos ou audiovisuais, sem o
consentimento expresso e documentado da Aller Editora.

Editora	Fernanda Zacharewicz
Conselho editorial	Andréa Brunetto • *Escola de Psicanálise dos Fóruns do Campo Lacaniano* Beatriz Santos • *Université Paris Diderot — Paris 7* Jean-Michel Vives • *Université Côte d'Azur* Lia Carneiro Silveira • *Escola de Psicanálise dos Fóruns do Campo Lacaniano* Luis Izcovich • *Escola de Psicanálise dos Fóruns do Campo Lacaniano*
Tradução	William Zeytounlian
Revisão	Fernanda Zacharewicz
Diagramação	Sonia Peticov
Capa	Wellinton Lenzi

1ª edição: julho de 2023

Dados Internacionais de Catalogação na Publicação (CIP)
Ficha catalográfica elaborada por Angélica Ilacqua CRB-8/7057

L129p	Lacan, Sibylle Um pai : puzzle / Sibylle Lacan ; tradução de William Zeytounlian. -- São Paulo : Aller, 2023. 128 p. ISBN 978-65-87399-56-0 ISBN 978-65-87399-57-7 (livro digital) Título original: *Un père*. 1. Lacan, Sibylle – Memória autobiográfica 2. Lacan, Jacques, 1901-1981 I. Título II. Zeytounlian, William
23-3729	CDD: 150.195092 CDU 154.964.2:929

Índice para catálogo sistemático
1. Lacan, Sibylle – Memória autobiográfica

Publicado com a devida autorização e
com todos os direitos reservados por

ALLER EDITORA
Rua Havaí, 499
CEP 01259-000 • São Paulo — SP
Tel: (11) 93015-0106
contato@allereditora.com.br

❶ Aller Editora • 📷 allereditora

a todos que acreditaram em mim

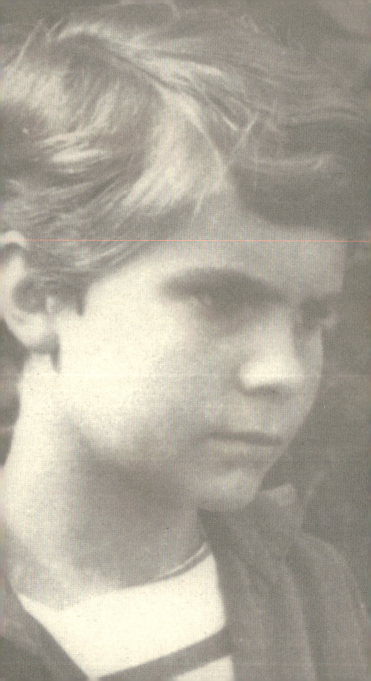

Sibylle Lacan é a terceira filha do psicanalista Jacques Lacan. Ela nasceu do primeiro casamento dele, com Malou Blondin.

Tradutora do espanhol, do inglês e do russo, ela atualmente trabalha em um segundo livro.*.

---

* Nota do tradutor: *Um pai: puzzle* é de 1994. Em 2000, Sibylle Lacan lançou *Points de suspension*, também pela Gallimard, inédito no Brasil. Nascida em 1940, a autora morreu em 2013.

Aviso ao leitor

Este livro não é um romance ou uma (auto)biografia romanceada. Ele não contém um pingo sequer de ficção. Nele não se encontrará nenhum detalhe inventado com o objetivo de embelezar a narrativa ou ampliar o texto. Meu propósito era outro: fazer surgir de minha memória tudo o que aconteceu de importante, de forte – trágico ou cômico –, entre mim e meu pai. Falar do pai que Jacques Lacan foi para mim, não do homem de forma mais geral, menos ainda do psicanalista. É uma obra puramente subjetiva, baseada tanto em minhas

UM PAI

recordações da época, quanto na forma como vejo as coisas atualmente.

Escrevi a primeira página numa noite de agosto de 1991, de uma tacada só. De modo que ela é, de certa maneira, a mais "perfeita". Escrevi assim toda minha vida, de maneira espontânea, impulsiva, sem correções posteriores. Para mim, era uma questão de princípio. Infelizmente, isto só é possível para textos extremamente curtos e, no caso do texto em questão, precisei trabalhar nele em seguida: corrigir, procurar a palavra certa, depurar a narrativa ao máximo. Sem contar o exaustivo exercício de memória.

O subtítulo *puzzle* deve-se ao fato de que este texto não foi escrito de maneira linear. Escrevi o que chamo de "pedaços" em desordem, ou melhor, seguindo

UM
PAI

a ordem da aparição deles em minha memória, decidida – pois não poderia ser diferente – a lhes dar um lugar somente no final. Escrevi, de certo modo, "às cegas", sem dese(nh)(j)o [*dess(e)in*] preciso, sem saber a que quadro, a que imagem eu chegaria uma vez reunidos os pedaços, as pontas, as peças.

Enfim, eu queria oferecer aqui, ao leitor não-iniciado, algumas indicações acerca da topografia familiar. "Blondin" é o sobrenome de solteira de minha mãe, sobrenome que ela retomou depois de se divorciar de meu pai. Minha mãe é a primeira esposa de Jacques Lacan, meu pai. Ela teve três filhos com ele: Caroline, Thibaut e eu mesma. "Bataille" é o sobrenome da segunda esposa de meu pai. Eles tiveram juntos uma segunda filha, Judith, que carregou o sobrenome de família Bataille, pois seus pais ainda não estavam divorciados de seus primeiros companheiros, nem um nem o outro, quando ela veio ao mundo. "Miller" é o sobrenome que Judith carregará depois de seu casamento com Jacques-Alain Miller.

Quanto aos lugares, creio que está claro no texto que a *rue Jadin* designa o apartamento onde nós vivemos – minha irmã, meu irmão, eu e minha mãe – até o momento em que nós nos dispersamos na idade adulta. Quanto à *rue de Lille*... quem não sabe que o consultório do doutor Lacan ficava no número 5 da *rue de Lille*, em Paris?

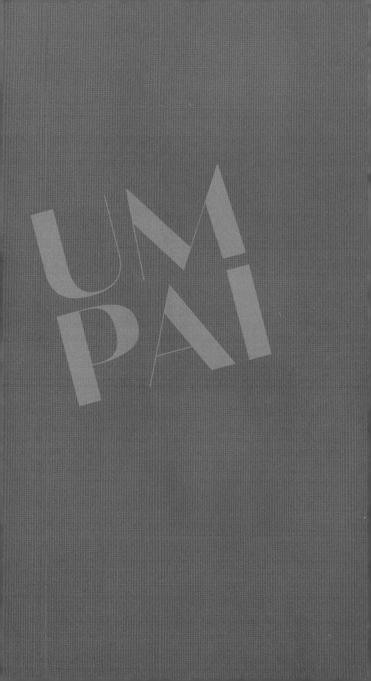

UM PAI

Quando nasci, meu pai já não estava mais lá. Eu poderia inclusive dizer que, quando fui concebida, ele já estava em outro lugar, já não vivia mais de verdade com minha mãe. Um encontro no campo entre marido e esposa, quando tudo já tinha terminado, está na origem de meu nascimento. Eu sou o fruto do desespero – alguns diriam do desejo, mas neles eu não acredito.

Por que, então, senti a necessidade de falar de meu pai, uma vez que foi minha mãe quem amei e continuo a amar depois de sua morte, depois da morte *deles*?

Afirmação de minha filiação, esnobismo – sou a filha de Lacan – ou

UM PAI

defesa do clã Blondin-Lacan frente ao clã Bataille-Miller?

Seja o que for, nós éramos, minha irmã hoje falecida, meu irmão mais velho e eu, os únicos a carregar o sobrenome de Lacan. E é exatamente disso que se trata.

Na minha recordação, só conheci meu pai depois da guerra (eu nasci no final do ano de 1940). Nada sei do que aconteceu realmente, nunca perguntei a minha mãe sobre o assunto. Provavelmente "aconteceu". Mas na minha realidade, para mim, havia a minha mãe e só. Aliás, ele não fazia nenhuma falta, pois nunca foi de outro jeito. Nós sabíamos que tínhamos um pai, mas, aparentemente, os pais não eram presentes. A minha mãe era tudo para nós: o amor, a segurança, a autoridade.

Uma imagem da época que permaneceu fixada em minha memória como uma fotografia que eu tivesse tirado e

UM
PAI

guardado é a silhueta de meu pai no enquadramento da porta de entrada, quando ele veio nos visitar numa quinta-feira: imenso, envolto num enorme sobretudo, lá estava ele como que sobrecarregado por sei-lá-que cansaço. Tinha se estabelecido um costume: ele vinha almoçar na *rue Jadin* uma vez por semana.

Ele tratava minha mãe formalmente e a chamava de "minha cara". Quando minha mãe falava dele, dizia tão somente "Lacan".

Ela nos aconselhou que, quando do início do ano escolar, preenchêssemos o questionário ritualístico escrevendo: "profissão do pai: médico". Àquela época, a psicanálise não estava muito longe do charlatanismo.

Foi em Noirmoutier, onde costumávamos passar as férias de verão, que o "anormal" se imiscuiu em nossas vidas. Alguns amiguinhos generosos nos revelaram que nossos pais eram divorciados e que, por conta disso, minha mãe iria para o inferno (!). Não sei qual das duas notícias me chocou mais. Na hora da sesta tivemos, meu irmão e eu, um longo conciliábulo.

Os anos iam passando. Minha mãe desempenhava todos os papéis em casa. Nós éramos "bonitos", inteligentes e íamos bem no colégio. Ela tinha orgulho de nós, mas esperava que a gente crescesse. Depois da guerra, essa era sua obsessão: nos fazer chegar, todos os três, à idade adulta.

Na ocasião de nosso aniversário, papai nos dava presentes espetaculares (achei ter compreendido, muitos anos mais tarde, que não era ele quem os escolhia).

Num tempo intemporal, num espaço indeterminado – mas eu soube por meu irmão, há alguns anos, que não tinha sido um sonho meu –, aconteceu um evento extraordinário. A infância, a Bretanha, Thibaut, meu pai e eu. O que é que a gente estava fazendo lá com meu pai? Onde estava minha mãe? Por que a Caroline – em minha recordação – não estava junto? Nós três visitávamos um forte medieval. Thibaut vinha correndo pela escada em caracol de uma das torres. Qual era minha posição exata em relação a ele? E em relação a meu pai? *Eis que vejo o seguinte:* numa curva à direita, há uma abertura que dá direto para o vazio, uma porta sem parapeito ou grade de proteção. Thibaut, num impulso de menino peralta, se precipita pela abertura. Meu pai o segura pelas roupas. Milagre!

Segunda cena: nós nos encontramos novamente com a minha mãe e eu conto a ela, transtornada, como Thibaut havia escapado da morte. Não houve gritos, choro, nenhuma emoção explícita. Não consigo entender. Nunca consegui entender. Meu irmão não guardou nenhuma recordação trágica desse evento. Meu pai nunca mais tocou no assunto. A minha mãe, que não reagiu ao golpe, nunca voltou a evocar o drama tenebroso evitado por um triz.

Formentera é o nome da ilha que escolhi para o segundo lugar, como local de férias: FORTE-ME-ENTERRA.*.

---

* Nota do tradutor: como em francês a letra T na palavra *fort* não é pronunciada, a homofonia com *Formentera* é completa.

UM PAI

A vida em nossa casa era regida pelo direito de primogenitura. Com isso, minha mãe reproduzia o que tinha vivido em sua infância – como eu, ela era a caçula – e o que ela considerava "normal", inevitável; em suma: a ordem natural das coisas. No topo ficava a Caroline, quatro anos mais velha do que eu (embora a diferença parecesse bem maior). Ela possuía todas as qualidades... e todos os privilégios. Tornada mulher cedo, alta, com uma cabeleira loira, densa e longa – rara em nossa região –, radiante como um quadro de Renoir (eu sempre fui a menorzinha da classe, mistura de feminilidade com maria-rapaz), *linda*

··· 25 ···

UM PAI

na opinião de todos (eu nunca passei de "fofinha"), incrivelmente talentosa e inteligente (a vida inteira aprovada com louros, vencedora do concurso geral de liceus[*], com estudos superiores brilhantes (minha notas eram boas, mas sempre suadas), resumidamente, uma deusa encarnada, ela vivia num mundo à parte, mais próximo do mundo da minha mãe do que do nosso. Por "nosso" quero dizer "meu e do meu irmão" que fomos, durante toda a infância, os "pequenos". Contudo, operava ainda outra subdivisão: Thibaut não apenas tinha um ano a mais do que eu como, além disso, era

---

[*] Nota do tradutor: na França, o *concours général* é um tradicional prêmio nacional para alunos de liceu, que são avaliados em disciplinas como francês, história, geografia, música etc.

menino – vantagem incontestável aos olhos de minha mãe, apesar das ideias que ela professava acerca da igualdade entre os sexos. Assim, era mais do que natural que ele não fizesse a cama, não pusesse a mesa e outros "detalhes" que feriam o meu senso de justiça.

Por vezes, meu irmão e eu nos aliávamos contra nossa irmã que, em casos extremos não hesitava em fazer uso de força para reinar. A situação mais frequente, porém – a atmosfera ambiente, se ouso dizer –, era o escancaramento, vez após outra, de minha inferioridade. A fórmula consagrada sobre minha pessoa – uma "piada", certamente, da qual mesmo minha mãe dava risada – era: "tonta, feia e má". Tinha ainda outra: "A Sibylle é tudo, menos ladra" (!). Isso tudo com

UM PAI

certeza poderia ser muito engraçado se a "vítima" não fosse sempre a mesma ou se algum gesto de carinho viesse compensar essa obstinação em me rebaixar. Nas brigas, mesmo se minha mãe reconhecesse que eu tinha a razão, seu veredito nunca era tornado público para não ofender os mais velhos – o que não era o caso quando a julgada culpada era eu.

Talvez a opressão permanente que sofri por parte de meu irmão e de minha irmã explique meu amor pela justiça, a minha revolta diante de todas as humilhações – o que, em si, é bom –, mas, que dizer de minha necessidade excessiva de "reconhecimento" e de minha sensibilidade extrema, que beira a suscetibilidade?

Meu pai foi ainda mais longe em seu diagnóstico: certo dia, assistindo com perplexidade a esse jogo cruel e destruidor, ele intervém em meu favor e, dirigindo-se a Thibaut e a Caroline, conclui com as seguintes palavras: "Vocês vão acabar a tornando uma idiota.".

E se um pai, antes de mais nada, servisse para isso: fazer justiça...

Eu ficava a sós com meu pai quando a gente saía para jantar. Ele me levava a restaurantes famosos, o que era minha oportunidade de experimentar pratos de luxo: ostras, lagosta, sobremesas suntuosas – além de, a meus olhos o cume da volúpia, merengue glacê. O principal, no entanto, é que eu estava com meu pai e me sentia bem. Ele era atencioso, amoroso, "respeitoso". Enfim eu era uma pessoa por inteiro. Nossa conversa era entrecortada de silêncios calmos e, por vezes, por sobre a mesa, eu segurava a mão dele. Ele jamais me contava de sua vida privada e eu nunca lhe fazia perguntas sobre o tema, isso sequer

UM PAI

me passava pela cabeça. Ele aparecia do "nada" e isso não me surpreendia nem um pouco. O essencial era: *ele estava ali*, enquanto eu, de minha parte, me sentia "radiante, alegre", como disse o poeta[*].

---

[*] Nota do tradutor: "Épanouie, ravie, ruisselante", "radiante, alegre, enxarcada", é um verso do poema "Barbara", do poeta francês Jacques Prévert (1900-1977).

UM PAI

Eu me *vejo* – ainda adolescente, como se o tempo não existisse – indo almoçar junto com a família e, ainda de pé, berrar, proclamar (sem que ninguém tivesse perguntado): "Eu nunca vou me casar".

Tomada exemplar de palavra (dado o lugar a mim reservado na dita mesa), mas nunca consegui lembrar o que provocou esse grito vindo do coração, essa declaração pública, esse tijolo arremessado nas águas plácidas de uma refeição comum de uma família (quase) comum.

UM PAI

Quando eu tinha acabado de nascer (ou estaria minha mãe ainda grávida de mim?), meu pai anunciou contentemente a ela, com a crueldade das crianças felizes, que ele ia ter um filho. Não sei qual foi a atitude de minha mãe nem as palavras que ela pronunciou na ocasião: terá ela transparecido seu sofrimento? Deu um esporro nele? Teve um ataque de raiva? Ou será que se mostrou forte e digna, guardando para si o colapso interior, a impressão de ter tomado o golpe fatal, a morte que invade a alma? A única coisa que sei, pois minha mãe me contou, é que meu pai lhe disse, a título de conclusão: "Eu vou retribuir a você cem vezes mais" (!).

Minha mãe, mulher correta e fiel, se via sozinha com três filhos pequenos no momento em que a guerra estourava, em que invasor se tornava presente, no momento em que se anunciava um período de horror mundial cujo fim era impossível prever.

Quando nasci, minha mãe não me deu atenção, ela não tinha me desejado – ela estava em outro lugar, no fundo de seu próprio poço. Eu poderia guardar rancor dela por isso? Em todo caso, acho que minha vida inteira foi marcada por essa vinda ao mundo num estado de solidão afetiva.

Um ano depois de meu nascimento, o divórcio, pedido por minha mãe, foi concedido.

Foi na ocasião do casamento de minha irmã mais velha – eu tinha então dezessete anos –, que descobri a existência de Judith, um ano mais nova do que eu. Minha mãe a escondeu de nós pois, nos explicava ela, nosso pai não tinha se "casado". Era assim aquela época. Outros rancores, outras dores, porém, também devem ter motivado esse silêncio. Judith, dizia meu pai, queria, tinha que ser convidada para o casamento da irmã. Minha mãe cedeu.

Essa notícia me tirou do prumo. Eu tinha outra irmã e não via a hora de conhecê-la.

O futuro me reservava muitas outras desilusões...

Meu primeiro encontro de verdade com Judith acabou comigo. Ela era toda amável e perfeita, e eu, toda estabanada e torta. Ela era a personificação da sociabilidade, da naturalidade; já eu, eu era a camponesa do Danúbio[*]. Ela tinha um jeito de mulher; eu ainda tinha uma aparência de criança. Esse sentimento persistiu por muito tempo. Desde então, descobri um tipo feminino e aprendi com que me contentar. Mas, naquela época, eu fiquei arrasada, cheia de culpa. Ainda por cima, ela estudava filosofia e

[*] Nota do tradutor: referência à fábula "O camponês do Danúbio", de Jean de La Fontaine (1621-1695).

UM
PAI

eu *só* estudava línguas. Quantas vezes ela não cruzou comigo na Sorbonne e fingiu não me reconhecer. Eu me martirizava sem ter ainda a lucidez necessária para condená-la. Passei as férias com meu pai em duas ocasiões. A primeira vez em Saint-Tropez e a segunda, no litoral da Itália, não me recordo mais do lugar. Em Saint-Tropez, Judith estava junto. Ela me fez sentir toda minha mediocridade. Uma lembrança alucinante é a visão de meu pai e de Judith dançando como dois namorados num baile popular em Ramatuelle[*]. Que mundo era aquele em que eu fui cair? Um pai não é um pai? Na Itália, ela nos encontrou depois de

---

[*] Nota do tradutor: Ramatuelle é uma comuna francesa – costeira, pequena e bastante idílica – vizinha de Saint-Tropez.

UM PAI

uma viagem à Grécia com colegas de faculdade que, aparentemente, estavam todos apaixonados por ela. Vários foram deixados para trás em Atenas – os escolhidos ficaram até o final. Meu pai sentia o maior orgulho dessa história. Quanto a mim, zero confidências. Ela era a rainha. Por acaso eu tinha visitado a Grécia? Tinha eu pretendentes aos meus pés? Naquele verão, pela primeira vez, caí misteriosamente doente: um esgotamento geral, zero desejo, zero prazer, uma perturbação medonha. Para me tranquilizar, eu culpava o calor. Quando voltei a Paris, tudo voltou ao normal.

UM PAI

Quando tínhamos dezesseis, dezoito anos (?), mamãe nos perguntou, ao meu irmão e a mim, se nós queríamos nos chamar Blondin. Nós recusamos instintivamente.

UM PAI

Em abril de 1962 – eu tinha então vinte e um anos –, fiquei doente. Tudo levava a crer se tratar de uma gripe, e sou tratada conformemente. Fiquei de molho por cerca de uma semana, em seguida a febre passa e me declaram curada. Os outros sintomas, porém, persistiam: um imenso cansaço físico – eu tinha necessidade de doze horas de sono – e intelectual: me custava acompanhar as aulas e tinha ainda mais dificuldade em memorizá-las. Do começo ao fim do dia, tinha uma impressão insuportável de ter algodão dentro da cabeça. Não conseguia mais ler. Mesmo o cinema me deixava perturbada. Em suma, eu não tinha mais energias. Restava-me apenas a vontade de me curar. Eu estava certa de que "eu tinha" alguma coisa. Fui a diversos médicos – clínicos gerais e especialistas – e fiz diversos exames. Não encontraram nada em mim. Ainda assim, consegui terminar meus estudos com base naquilo que tinha aprendido antes, que nem uma sonâmbula.

Eu tinha que partir a Moscou em dezembro por um período de um ano a fim de melhorar meu russo, mas também para curtir um ano de transição, uma espécie de férias antes de entrar na vida ativa. Era um projeto importantíssimo para mim, e, no decorrer do mês, minha angústia só crescia sob a ideia de não poder realizá-lo.

Na minha lembrança, foi minha mãe quem teve a ideia de chamar meu pai em socorro. Um encontro foi marcado para certo dia, certa hora, na *rue Jadin*. Eu esperava ansiosamente por aquela consulta. Se todos aqueles médicos estúpidos não puderam me curar, quem senão meu pai – este eminente psicanalista cuja genialidade eu não colocava em dúvida – poderia me escutar, me salvar? A bem da verdade, a situação em meu entorno era digna de um pesadelo pois, sem compreender nada de meus males e minhas queixas, parecia suspeitar de complacência, de preguiça, até mesmo de impostura.

Eu me *vejo* na varanda à dita hora, à espera da chegada de meu pai. O tempo passava, e nada dele. Minha impaciência só aumentava. Como era possível haver um atraso daqueles em circunstâncias como aquelas?

UM PAI

A *rue Jadin* era curta o bastante para que se pudesse abraçá-la com o olhar. A poucos metros de nossa casa encontrava-se um prostíbulo discreto, frequentado por gente "chique". De meu posto de observação, repentinamente vi uma mulher sair do lugar a passos rápidos. Alguns segundos mais tarde, um homem também sai. Com estupefação, reconheço meu pai.

Como ele foi capaz me infligir aquela tortura para satisfazer, *antes de mais nada*, seu desejo? Como ousou ele vir transar na *rue Jadin*, a dois passos do domicílio de seus filhos e de sua ex-mulher? Absolutamente indignada, voltei para dentro do apartamento.

A continuação da história? Minhas lembranças são bastante confusas, o que é compreensível. Tudo o que retive do discurso que meu pai fez para mim naquele dia é isso: me separar de minha mãe me faria um bem enorme, eu precisava ir sem pestanejar. Fiquei completamente desconcertada. Que relação poderia existir entre minha mãe e o estado tenebroso em que eu me encontrava? Aliás, o que sabia ele de minha relação com minha mãe? Na infância, assim como na adolescência, sempre experimentei uma grande independência, passando a maior parte do tempo com amigos de minha idade; foi a duras penas que me dei conta do papel primordial que uma mãe desempenha com sua presença e sua existência. Sempre me separei de minha mãe nas férias – e desde a mais tenra idade –, com grande despreocupação, como a maioria das crianças, absorvida que estava pelo prazer que me esperava. (Em contrapartida, recordo-me de que as chegadas à estação de trem sempre me comoviam muito. Eu a via de longe, subindo a plataforma, grande, esbelta e loira, alerta, com uma expressão, uma atitude que traduziam todo o amor de uma mãe que finalmente poderia apertar sua filha nos braços.)

Assim, toda a sagrada família me incentivava a partir – meu pai, meu tio materno, cirurgião de hospital, um primo neurologista, uma grande amiga de meu

UM
PAI

tio, médica emérita que havia me examinado, até mesmo minha mãe –, ao que parti, como previsto, no dia 18 de dezembro de 1962, decidida de não contar nada a ninguém durante um ano, independentemente do que acontecesse. Comecei a escrever um diário ainda no trem que me levava ao outro extremo da Europa, sentindo que, para mim, essa era a única maneira de não desmoronar completamente, de não me perder completamente — escrever, já que eu não conseguia mais ler; fixar os dias, já que eu não tinha mais memória; agarrar as palavras antes que elas me escapassem, encontrar um reflexo, uma prova de minha existência naqueles pedaços de papel, nas páginas rabiscadas sem a menor preocupação estética. Tentar sobreviver, nada mais.

Quando retornei da URSS, no começo do ano de 1964, meu estado não havia se modificado em nada. Como prometera a mim mesma, eu não tinha dado um pio a ninguém sobre meu sofrimento e, curiosamente, ninguém se deu conta de nada. Na embaixada da França, onde eu trabalhava, consegui enganar bem pois minhas tarefas estavam muito abaixo de minhas competências e de minha formação. Quanto às pessoas que conhecia e com quem saía, fossem elas russas ou francesas, elas pelo visto encontravam em mim todo tipo de qualidades – nunca fui tão cortejada –, e eu chegava até a ser vista como "alegre", como testemunha uma passagem de meu diário com que trombei, já faz alguns anos, e na qual registrei, com surpresa, o comentário de uma amiga russa sobre minha pessoa: *kakaya vesselaya!*[*] A cada semana, durante um ano, fiz chegar à minha mãe, pelo correio diplomático, uma carta em que lhe contava tudo o que poderia interessá-la ou diverti-la sem fazer a menor menção a meus males. Assim, minha mãe poderia achar que eu estava "curada". Devo dizer que, em circunstâncias normais, eu teria feito grandes avanços em meu russo, levando em conta os fundamentos sólidos que recebi na Escola de Línguas Orientais, o meu talento

[*]Nota do tradutor: "какая веселая!", "que divertida!", em russo.

UM
PAI

para línguas vivas em geral e, sobretudo, o fato de eu mergulhar na vida russa fora das horas de trabalho. Pois bem, nada disso aconteceu, fato que sempre lamentei. Era no limite, com dificuldades, que eu dava conta de compreender e de me fazer compreender – a memória me fazia falta –, e estava longe de falar russo fluentemente ao fim de minha estadia.

Mas voltemos a Paris naquele janeiro de 1964. Sentindo-me incapaz de trabalhar, decidi voltar à Universidade para ganhar tempo e testar novamente minhas capacidades intelectuais. Escondi dos mais próximos os meus problemas de saúde na busca de, num derradeiro esforço, sair daquela sozinha. Logo precisei largar mão. Era impossível estudar, aprender, gravar as coisas. Sempre o mesmo esgotamento, o mesmo estado "algodoado", de moleza, uma estranha ausência de emoções. Minha vida era um inferno.

Acabei abrindo a boca: desespero de minha mãe, gozação de meu irmão, SOS a meu pai. Peço a ele uma sonoterapia – sem saber de que se tratava exatamente –; estava obcecada com isso: dormir o máximo de tempo possível para acordar descansada... e curada. Meu pai leva em consideração minha demanda e me diz que vai se "informar". Depois de se informar, ele vem me comunicar que os tratamentos de sonoterapia geram dependência e que é bom evitá-los (retrospectivamente, me perguntei muitas vezes por que meu pai, psiquiatra de formação, teve que fazer uma pesquisa sobre o assunto... Deixa para lá). Foi então, e só então, que ele me propôs fazer uma análise. "Eu não posso tomá-la pessoalmente em análise", ele se acreditou obrigado a me indicar (como se eu fosse ignorante demais para não o saber), "mas vou encontrar alguém para você".

Ele me mandou para a Senhora A. Fiquei com ela por algo como um ano – nada mudou, o trajeto de metrô me extenuava. Interrompo. Um período bastante longo transcorre, reitero minha queixa. Ele escolhe uma outra analista para mim: a Senhora P., com quem me tratei por vários anos. Antes mesmo dela, eu já havia encontrado aquele que seria meu primeiro namorado, graças a quem iniciei uma lenta recuperação: ele era a primeira pessoa que me escutava e *acreditava em mim* sem tentar compreender, sem nunca duvidar da minha palavra; ele me amava apaixonadamente, do jeito que eu era. (Faço questão de, transcorridos tanto tempo e espaço, expressar meu reconhecimento a ele.)

A Senhora P. era uma mulher gentil e simpática, e acho que o trabalho que fiz com ela não foi inútil. O aborrecido é que, com o passar dos anos, diversos indícios foram se acumulando até o dia em que me convenci de que ela era a amante de meu pai. Larguei dela na hora.

Alguns meses mais tarde, um amigo fez alusão a essa relação na minha frente, e compreendi que toda Paris psicanalítica estava inteirada da situação, menos eu.

(*Eu mesma* escolhi minha terceira analista, não sem exigir dela segredo absoluto.)

Quando perguntei a meu pai sobre minha "doença", mais ou menos dois anos depois de seu desencadeamento ("o que é isso que eu tenho?"), ele me respondeu: "no século XIX, teriam dito que você era *neurastênica*".

(Outra pessoa, cujo nome não citarei, fala de "melancolia", e sugere que ela nunca pode ser curada. Minha analista não estava de acordo com esse último ponto.)

Antes de começar a trabalhar para valer, não sem penar, isto é, durante o período que precedeu 1975, me ocorria periodicamente ir "consultar" meu pai quando eu tinha dúvidas sobre a origem de minha doença, devido a seus sintomas puramente físicos — cansaço permanente, necessidade excessiva de sono, grande defasagem de horários em relação ao normal de minha vida cotidiana etc. Sua atitude, nesses casos, podia variar. Na maioria das vezes, ele me dizia algo do tipo "como vai a tua análise?", o que me deixava triste e perplexa; contudo, nos momentos em que eu conseguia convencê-lo do caráter insuportável, intransponível e imutável de meus males, ele me mandava, todas as vezes, a um clínico geral, recomendando-me que eu lhe dissesse a se ater à *sua* área. Em suma, ele queria que o médico se comportasse como médico e não extrapolasse para considerações psicológicas.

Quando lhe perguntei certa vez se não era possível que eu sofresse de alguma afecção orgânica do cérebro, ele me respondeu que, se fosse esse o caso, já saberíamos àquela altura, aludindo implicitamente à evolução funesta desse tipo de lesão. Não sei o que era maior, minha perplexidade ou meu pavor.

Eu tinha uns trinta anos. Era uma época em que não trabalhava por ser incapaz. Uma época de vazio e de dor. A época de Montparnasse, da errância. Certa vez, estando no café Le Select[*], um velho conhecido – um rapaz que havia se tornado psicanalista –, tão logo me vê, vem em minha direção. Ele tinha uma notícia interessante para me dar. Disse ele: "Sabia que no *Who's Who*[**] do teu pai só consta uma filha: a Judith?".

[*] Nota do tradutor: café no número 99 do Boulevard du Montparnasse, bairro acima aludido.
[**] Nota do tradutor: o *Who's Who*, "Quem é quem", é um dicionário biográfico publicado na França desde 1953.

UM PAI

Me deu um apagão na cabeça. A cólera só veio depois.

(Alguns dias depois, experimentei a necessidade de ir verificar, eu mesma, na editora: o amigo-que-queria-meu-bem não havia se enganado.)

UM PAI

Odiei meu pai durante muitos anos. Como poderia ter sido de outra forma? Ele não havia nos abandonado a *todos* – minha mãe, minha irmã, meu irmão e eu –, com todas as devastações que essa ausência engendrou? Só a Caroline parece ter saído ilesa – ao menos para quem vê de fora –, ela nunca se abriu comigo. Notem que Caroline foi a única a ter tido um pai e uma mãe em sua primeira infância. Os alicerces já estavam sedimentados...

Esse ressentimento, essa fúria, só apareceram relativamente tarde em minha análise. Demorei até me revoltar. Eu o apontava como o culpado do desastre familiar de que fui pouco a pouco tomando consciência, bem como de meu colapso pessoal ao final da adolescência. Eu sei bem da importância que ele conferia ao "discurso da mãe", mas por que minha mãe ficou nos contando "abobrinhas"? Aliás, ela não nos contava lá grande coisa, ela nunca nos "jogou" contra ele. Os fatos falavam por si só. Ele quase não cuidava da gente e havia sido completamente ausente durante os primeiros anos de nossa vida, a de Thibaut e a minha. Foi minha mãe quem nos criou e nos amou todo santo dia. Meu pai vivia sua vida, sua obra, e, para nós, nossa vida parecia um acidente em sua história, um capítulo de seu passado que, em todo caso, ele não tinha como ignorar. Eu sabia que, à sua maneira, ele nos amava.

UM PAI

Era um pai intermitente, a conta-gotas. Sei também que ele tinha consciência de sua insuficiência para nós, como demonstra a anedota seguinte.

Certa noite em que fui à *rue de Lille* procurá-lo para jantar, eu o encontrei em companhia de sua manicure, que lhe prestava os cuidados. Ele me apresentou a ela com orgulho. Dirigindo-se a mim, a jovem começou a dizer:

— Então, o seu pai...

— Tão pouco... — papai a interrompeu, com um suspiro.

Um dia, marquei de jantar com meu pai, como de costume. É urgente, especifiquei para Gloria, a fiel secretária. Sobre o que eu queria conversar com ele com tanta pressa? Não lembro mais.

Eu ainda morava na *rue Jadin*. Isso foi depois da Rússia, portanto eu tinha uns 23, 24 anos. Meu pai veio me buscar de carro, como fazia na época. Ainda junto à calçada, com um olhar furibundo, ele me dispara essa: "Espero que você não vá me dizer que se casará com um imbecil!".

"Pai, tão pouco...", mas, ainda assim, pai. Ele desconfiava sistematicamente de todos os meus casinhos. Se por azar eu evocasse diante dele a existência de

UM
PAI

qualquer um, ele de pronto me perguntava: "Quem é esse?" (eu não compreendia), *"Como é que ele se chama?"*. Era como se meus "namorados" fossem celebridades ou como se seus nomes (por desconhecidos que fossem) fossem lhe informar algo sobre eles. Pronunciar o nome deles era, para mim, particularmente penoso: eu tinha a impressão de responder a um interrogatório, de estar dando com a língua nos dentes. Mas se eu tentasse escapar, dizendo que a relação não ia dar em nada, ele insistia e eu tinha que me dobrar à sua vontade. A bem da verdade, arrancar de mim o nome do homem de quem eu gostava, antes mesmo que eu manifestasse o desejo de lhe falar sobre, me parecia o cúmulo da indiscrição. E ceder diante de sua insistência, o cúmulo da covardia.

UM PAI

Quando, ainda garota, acontecia de eu ir passar um fim de semana na casa de campo de meu pai, em Guitrancourt, eu costumava ocupar um quarto no mesmo andar que ele, mas do outro lado da escada, no fundo do corredorzinho. O motivo principal para isso era que esse quartinho, aliás bastante agradável, abrindo-se ao jardim, tinha banheiro privativo.

Eu me banhava deliciosamente nele, pois era espaçoso, bem iluminado e tinha um charme levemente antiquado, característico das propriedades do interior, que correspondia a meu senso estético.

Certo dia, ao fim da manhã, eu estava de pé na banheira me ensaboando.

UM PAI

De repente (não havia trinco), ouço a porta se abrir. Viro-me num sobressalto e vejo meu pai junto ao vão da porta. Ele se detém um momento, me diz "desculpe, querida" num tom calmo, e se retira tão tranquilamente quanto, fechando a porta atrás de si.

Uma olhadela é melhor do que nada...

(Fiquei FURIOSA.)

Depois de se ver sozinha, minha mãe teve que trabalhar. Ela exerceu durante muito tempo a profissão de anestesista junto a seu irmão. Depois, quando começaram a exigir diploma para preencher a função, ela saiu desesperada atrás de outro emprego. Durante algum tempo, ela fez estampas para lenços e desenhos para publicidade (quando moça, ela havia se dedicado com afinco à pintura), mas seu "traço" não correspondia ao estilo da época e ela teve que abandonar. Da mesma forma que teve que largar, após poucos dias, um "posto" de vendedora numa loja chique: o comércio, para ela, era uma fobia. Logo, ela abandonou toda e qualquer busca. Minha mãe não era mais jovem, e eu senti nela algo como uma humilhação. Restou-lhe, portanto, se virar com a pensão alimentícia de meu pai, que era pequena e tinha por característica não aumentar junto com o custo da vida. Era uma espécie de "esquecimento" do meu pai e, como minha mãe não era do tipo que pede dinheiro, o valor da pensão não mudava. Contudo, nós continuávamos em casa, meu irmão e eu — Caroline já estava casada ou em vias de.

Vivíamos, então, na mais estrita economia — era um excelente aprendizado para as "crianças", mas um exercício perigoso para uma mulher madura para quem, aos poucos, tudo ia se tornando supérfluo.

UM
PAI

Anos mais tarde, já tendo saído (a última) da *rue Jadin*, me deu na telha falar com minha mãe sobre essa questão do dinheiro, e lhe perguntei, na lata, quanto meu pai pagava todos os meses: a soma era irrisória, ao que incitei minha mãe a exigir de meu pai que aumentasse, como era seu dever, o montante que lhe enviava. Minha mãe recusou sem tergiversar. Não tinha forças para tanto. À época, eu via meu pai com frequência e decidi, de iniciativa própria, abordar o assunto com ele. O resultado foi um sucesso total: ele dobrou imediatamente o valor da pensão de minha mãe.

(Posteriormente, tentei outra vez obter uma "atualização" da quantia. Foi em vão. Meu pai estava ficando velho e, com os anos, seu apego irracional ao dinheiro só aumentava.)

Nas lembranças mais longínquas que sou capaz de evocar, sempre vi, no consultório de meu pai, entronada sobre a chaminé, uma grande fotografia de Judith. Aquela foto em preto e branco, muito bonita, representava Judith bem moça, sentada, vestida de maneira sóbria – de pulôver e saia lápis –, com os longos cabelos pretos e lisos penteados para trás, de maneira a não lhe cobrir o rosto.

O que me impressionou imediatamente quando entrei pela primeira vez naquele consultório foi a semelhança dela com meu pai. Como ele, ela tinha o rosto oval, os cabelos pretos e o nariz

alongado (meus cabelos são castanho-
-claro, tenho o nariz arrebitado, o rosto
triangular e as maçãs do rosto salientes).
Em seguida, o que me impressionou foi
sua beleza, a inteligência da expressão, a
elegância da pose.

Não havia nenhuma outra foto no
cômodo.

A seus pacientes, a nós, a mim, por
mais de vinte anos, meu pai parecia dizer: "Eis minha filha, eis minha filha única, eis minha filha querida".

UM PAI

Foi em 1963, durante minha estadia na Rússia, que me perguntaram pela primeira vez se eu tinha alguma relação de parentesco com Jacques Lacan. (Ainda me lembro do secretário da embaixada que me fez a pergunta.)

Por que ressalto esse fato que poderia parecer insignificante? Para destacar bem que, nem na infância, nem durante minha adolescência, nem na escola ou na faculdade eu fui "a filha de". E acho que isso foi algo bom, uma sorte, uma liberdade.

Em idade adulta, depois de meu regresso da URSS, a pergunta se tornou mais e mais frequente, e minha reação,

UM PAI

como, meus sentimentos, eram mistos. Eu queria, de verdade, ser a filha de Lacan? Isso me orgulhava ou me irritava? Era agradável ser, *aos olhos de alguns*, somente "a filha de", isto é, ninguém?

Os anos passaram e, com a ajuda da análise, meus sentimentos em relação a meu pai foram se esclarecendo, se apaziguando. Eu o reconheço plenamente como meu pai. Mas, sobretudo − o que é ainda mais importante −, hoje *eu tenho fé em mim* e pouco importa quem é meu pai. Ademais, pensando bem, não se é sempre a filha (ou o filho) de seus pais?

UM PAI

Certa noite – eu já era bem adulta –, estou jantando com meu pai em um restaurante. É para mim, como sempre, um momento privilegiado, mas confesso que hoje não me recordo dos detalhes daquele dia. (Terá sido uma noite especialmente amistosa, calorosa?) O que aconteceu depois, em contrapartida, eu não esqueci.

Levo meu pai à *rue de Lille* em meu pequeno Austin e, no momento de nos separarmos, ele me diz: "Tenha cuidado, minha querida, e me telefone quando você chegar em casa". Ele insiste. De minha parte, surpresa. Eu, que levava uma vida independente, que sempre ia para lá e para cá sozinha, que viajava sozinha – até ao outro extremo do mundo – sem que ele manifestasse a menor preocupação, eu tinha diante de mim um *papai coruja* me pedindo para tranquilizá-lo após um trajeto banal em Paris. Joguei o jogo e lhe prometi telefonar assim que chegasse em casa.

Chegando em casa, telefono imediatamente para ele, temendo acordá-lo do sono caso perdesse um minuto sequer: "Quem é? Oi? O que aconteceu?". O homem ficou surpreso. Tive que lhe recordar as próprias recomendações.

Enquanto desligava, disse a mim mesma que eu tinha um pai bem fora da curva, meio "tan-tan" [*zinzin*], conforme a expressão que ele gostava de usar.

Flores... Meu pai me oferecia flores nas ocasiões solenes, graves, cheias de potenciais perigos. Ora, paradoxalmente, as cenas que guardei intactas na memória estão ligadas, para mim, a um sentimento irresistível de comicidade.

Como disse antes, parti em dezembro de 1962 para Moscou, onde trabalharia na embaixada da França durante um ano completo: quatro estações. Estava combinado que eu pegaria o trem – mais barato que o avião –, e eu me preparava para atravessar toda a Europa, contornando a Alemanha Oriental, segundo orientações do Quai

UM PAI

d'Orsay* (naquela época, as chancelarias ocidentais pretendiam dessa forma protestar contra a construção do "muro").

Era minha primeira grande viagem (três dias e três noites na estrada de ferro) e minha primeira longa separação da família, dos amigos, do país. Além disso, eu estava indo para o outro lado da "cortina de ferro", e isso numa época crucial da guerra fria (a "Crise dos Mísseis" tinha acabado de ser resolvida). (Contudo, o mais importante para mim, o mais cruel, a única coisa que me inquietava de verdade – e da qual, precisamente, ninguém falava –, era que eu partia em viagem

---

* Nota do tradutor: por metonímia, o Ministério de Assuntos Estrangeiros ou das Relações Exteriores da França, localizado próximo ao cais de Orsay.

UM PAI

com todo o meu ser adoecido, inclusive minhas capacidades intelectuais: seria eu capaz de enfrentar qualquer percalço naquele país totalitário? Não estaria eu me arriscando ir para a cadeia por falta de prudência? Seria eu capaz de realizar o trabalho que iam me pedir?)

Pois estou na plataforma da estação conversando com minha mãe, logo depois de ter arrumado minhas bagagens no compartimento (alguns dias antes, eu tinha despachado duas malas e um baú, pois haviam me advertido de que era preciso levar TUDO). A hora da partida se aproxima. Do pai, nada. Eis que ele surge, ao longe, ofegante, vindo apressado em nossa direção. O que terá ele nas mãos? Certamente seu presente de despedida: uma grande caixa de plástico transparente contendo uma suntuosa orquídea! Tenho pavor de orquídeas, essas flores de luxo, pretenciosas e mortíferas. Mas tudo bem, meu pai não tinha como saber disso. A questão era: o que eu ia fazer com aquele objeto frágil, destrambelhado, nas 72 horas de viagem, em especial na troca de trem na fronteira soviética? Mais uma fez surpreendida com a esquisitice de meu pai, agradeci efusivamente.

No final das contas, "a coisa" fez a alegria de duas pessoas: numa estação secundária na Polônia, um rapaz se instalou em meu compartimento. Sua noiva o esperava na estação seguinte. Entre os eslavos, oferecer flores é um costume muito mais vivo do que entre nós. Encantada com a estória, aproveitei a oportunidade e lhe repassei a orquídea que, dessa maneira, cumpria sua justa missão.

A segunda "cena de flores" aconteceu alguns anos mais tarde, em 1969, quando eu estava para ser submetida em caráter de urgência a uma intervenção cirúrgica, traumática para uma moça, cuja magnitude não era possível prever: para saber, era preciso antes "abrir". Para resumir – havia outros aspectos preocupantes (o sofrimento, as possíveis sequelas) –, a questão que eu estava em posição de me fazer era a seguinte: eu ainda poderia ter filhos? Meu pai veio me visitar à véspera da operação, decidida naquela mesma manhã, e devo confessar que ele me tratou de maneira bem diferente do que meu tio, o cirurgião,

UM PAI

que me tratou um pouco mal nos dias que fiquei em observação no seu setor. Para me ater ao essencial, ele me disse com bastante ternura e gravidade: "Minha querida, eu te prometo, você irá saber de toda a verdade."

Estou me distanciando do assunto: as flores. No dia seguinte à operação (para o leitor empático, assinalo que só me tiraram o ovário e a trompa esquerdos), por volta das quatro horas da tarde, alguém bate à porta de meu quarto. "Pode entrar", digo. É então que aparece entre os batentes da porta um enorme arranjo de flores, eu diria quase uma floresta num grande vaso de barro, e, atrás dele, pequerrucho, meu pai segurando o conjunto como se fosse o Santo Sacramento. Me vem uma vontade doida de rir.

···· 88 ····

UM PAI

Conversamos sobre os assuntos de praxe entre doente e visitante (eu nunca tinha sofrido fisicamente tanto em minha vida), e, em seguida, meu pai se ajoelhou ao pé da maca e permaneceu naquela postura, pouco usual para um não-crente, por um bom tempo.

Enquanto ele permanecia ali, imóvel, recolhido, com os olhos fechados, pensei comigo mesma, sempre rindo por dentro: ele está preparando seu seminário.

Meu pai não era um esportista, para dizer o mínimo (foi minha mãe quem o ensinou a andar de bicicleta, quando ele já tinha lá seus trinta anos). Com a idade, porém, ele tomou gosto pela aventura, com todos os riscos que uma atração tardia podia comportar.

Minha primeira lembrança nesse sentido foi o relato que ele nos fez, certa quinta-feira, que provocou o riso geral, de sua iniciação no esqui, iniciação tão fulminante, que lhe quebrou uma perna. "Você devia ter visto, querida", dizia ele à minha mãe com uma inocência e um orgulho todo infantis, "as pessoas ficaram boquiabertas com a minha passagem...".

UM PAI

Pude admirar com meus próprios olhos seu talento de nadador no verão que passamos juntos na Itália. Meu pai, esticado sobre a areia, com o sol a pino, imerso na leitura de alguma obra erudita, trajando seu grande e extravagante short verde-esmeralda, levantava-se de supetão, saía correndo a passos largos em direção à água e, com o corpo na posição adequada – braços estendidos e mãos juntas (tipo a família Fenouillard*) –, precipitava-se ao mar com um grande "pluf". Depois, cheio de

---

* Nota do tradutor: *La famille Fenouillard* é um quadrinho francês do final do século XIX, escrito e desenhado por Georges Colomb, *alias* Christophe, que retratava de forma humorística uma família pequeno-burguesa típica. A trama característica das estorinhas consistia nas peripécias das personagens durante suas viagens.

vigor, ia às braçadas em direção ao alto mar... não muito longe.

Outra vez – tínhamos marcado um jantar –, ele me contou que tinha atravessado Paris inteira a pé sem sentir o menor cansaço, concluindo que nossa capital certamente não passava de um vilarejo. Fiquei um pouco confusa, pois sempre vi meu pai caminhar a passos lentos, geralmente com o rosto voltado para a ponta dos sapatos, visivelmente ausente — para mim, era inimaginável que ele pudesse tirar qualquer prazer daquele tipo de exercício.

Por fim, evocarei uma cena que tocou profundamente minhas convicções de esquerda. Certo dia, saindo de nossa casa, ele encontrou seu carro imprensado entre dois veículos. Depois de

UM PAI

explicar a situação a dois infelizes que passavam pelo local, fez com que o ajudassem a levantar seu carro sem que ele, de sua parte, esboçasse a menor sombra de um gesto, contentando-se em dirigir com sua voz as operações. Por pouco ele não os agradeceu com um "Valeu, meus chapas".

Em mais de uma ocasião, por conta de seu comportamento com as pessoas, meu pai me deixou constrangida. O exemplo de minha mãe – que tratava toda e qualquer pessoa com o mesmo respeito e a mesma benevolência –, bem como a minha própria concepção do ser humano – meu semelhante, de que se exclui qualquer *hierarquia* relativa ao nascimento ou à posição social – explicam por que as atitudes de meu pai tão frequentemente me chocaram.

Se eles não resistissem, se eles deixassem rolar, os "subalternos" podiam esperar o pior... a menos que meu pai, cujo humor era imprevisível, estivesse naquele momento num estado de espírito propício à sedução.

Outras pessoas relataram com talento – e, por vezes, com complacência – suas relações com Paquita, sua antiga faxineira espanhola que, nos últimos anos, substituía Gloria em seu consultório depois de determinada hora. A coitada ficava tão afobada que parecia um pião rodando de lá para cá a cada ordem contraditória de seu patrão. Dava dó de ver, e eu sentia vergonha de meu pai.

(Em contrapartida, certo dia um motorista de táxi não titubeou em nos botar para fora do carro na *primeira* esquina, de tão detestável que meu pai foi com ele antes mesmo de arrancar.)

Mas contarei aqui um incidente que me fez sofrer muito na época (ainda

UM PAI

mais por eu estar implicada nele) e do qual hoje, apesar de tudo, não consigo deixar de rir por conta de seu caráter propriamente ubuesco. À época, eu flertava com o meio esquerdista. Meu pai me levou a um restaurante famoso. Mal transpomos a porta, o *maître* – azar o dele – vem com suas bajulações. Cheio de dedos com "doutor" e senhorita sua filha. Instalamo-nos numa mesa, sentamo-nos. Semiobscuridade. Atmosfera de gente rica (muito rica). Com o cardápio em mãos, meu pai se desfaz para mim em elogios pela trufa ao natural. Cética de início, deixo-me convencer. Chega a trufa. Com o corpo levemente inclinado, o *maître* espera. Sob o olhar ansioso de dois homens, introduzo em minha boca um primeiro pedaço... e a catástrofe acontece. Com uma tonitruante, meu pai alerta: "E aí? Está boa? Se não, a gente vai embora, você sabe". O *maître* dá um sorriso amarelo. A filha do doutor acha que aquele negócio tem gosto de nada, mas se coloca decididamente do lado do "povo", do oprimido, do humilhado, e responde, da maneira mais calma que consegue, "está muito boa".

Assim era meu pai.

UM PAI

Meu pai sempre despertou minha admiração por sua aptidão de abstrair. O mundo podia estar caindo à sua volta: se ele estivesse trabalhando, nada podia perturbá-lo, distraí-lo de seus pensamentos.

Durante as férias italianas que evoquei, ele escolheu como lugar de trabalho o cômodo central da *villa*. Era impossível não passar por ali ao ir de um quarto ao outro, ao sair ou voltar. Vejo meu pai sentado a uma grande mesa coberta de livros e de papéis, imóvel, ausente enquanto os demais habitantes da casa, em roupas de verão, passavam sem parar.

UM PAI

Certa tarde, fizemos um passeio no mar. Um marinheiro dirigia o barco equipado com um motorzinho. O espetáculo era magnífico: as falésias vertiginosas, o azul profundo do Mediterrâneo, o cintilar da luz sobre as águas, o brilho do sol, tudo inebriava. Meu pai, entretanto, não ergueu o nariz de seu Platão. (Por vezes, o marinheiro lançava a ele um olhar inquieto.)

Em Guitrancourt, o costume ditava que tomássemos chá no ateliê onde meu pai trabalhava. Ele adorava que ficássemos ali. Nossas conversas não o atrapalhavam em nada. Ele continuava a trabalhar, voltado para a grande janela que dava para o jardim, e, em sua rigidez mineral, tinha algo de uma esfinge.

UM PAI

Vi meu pai chorar duas vezes. A primeira, quando nos anunciou a morte de Merleau-Ponty*; a segunda, quando Caroline morreu. Atropelada de frente por um motorista barbeiro japonês, numa estrada à beira-mar, de tardinha, minha irmã morreu na hora. O colega de escritório que a acompanhava "a serviço" em Juan-les-Pins** conta que, pouco antes do choque, ela soltou um enorme grito.

---

* Nota do tradutor: Maurice Merleau-Ponty (1908-1961), filósofo e colega de Lacan, sofreu um infarto aos 53 anos.
** Nota do tradutor: Juan-les-Pins é uma cidade turística da Riviera Francesa, perto de Cannes.

UM PAI

O caixão, levado a Paris num aviãozinho fretado, foi depositado na cripta da igreja onde seria realizada a cerimônia religiosa. Pálida, prostrada, minha mãe se agarrou ao caixão. Meu pai chegou. Iam levar o corpo. Meus "pais" viram-se de pé, um do lado do outro. Meu pai tomou a mão de minha mãe e as lágrimas lhe cobriram o rosto. De certa forma, era a única filha *deles*.

Já evoquei minha "doença" e alguns de seus sintomas. Esse, porém, não é o assunto de meu livro. Vou me limitar a falar dela somente o necessário à compreensão do que aqui escrevo. O "inferno" de que falei perdurou muito tempo depois de meu regresso da URSS. A ideia do suicídio começou a me assombrar como a única solução para tanto sofrimento. Quase nada mudava apesar da análise. Certa noite que fui até a casa de meu pai "em caráter de urgência", desesperada, levantei uma questão primordial: o que seria de mim quando ele não estivesse mais aqui para garantir minha existência material?

UM
PAI

Ele me lançou um olhar de seriedade e compaixão, e me disse, tranquilamente, como se fosse um fato evidente: "Mas você receberá *sua parte.*".

Ao que parece, o conceito de herança não fazia parte de meu universo mental.

Vi meu pai – vivo – pela última vez
quase dois anos antes de sua morte. Fazia
muito tempo que não tinha notícias dele.
Geralmente era eu quem ligava para ele,
quem dava o primeiro passo. Naquela
época, quis testá-lo e não me manifestei.
Eu tinha deixado de lhe pedir dinheiro
para viver – ao preço de uma vida as-
cética, naturalmente –, mas estava ali-
viada de finalmente conseguir me virar
sozinha e de não precisar mais "mendi-
gar". Nada disso foi conversado, aliás:
um belo dia, eu simplesmente parei de
ir buscar minha "pensão" no quarto dos
fundos da Gloria. (Será que meu pai se
deu conta disso? Nada o prova. A única

pessoa que poderia tê-lo feito perceber teria sido justamente a Gloria. Será que ela contou? Não faço ideia.)

Seja como for, no início de março de 1980 precisei fazer uma operação e não tinha nem dinheiro, nem seguro-saúde para isso. Não sem uma pitada de malícia ("Ele não se preocupa comigo, né? Pois bem, agora ele vai..."), aproveitei o ensejo para rever meu pai. Como de costume, marquei um encontro por intermédio da Gloria. Entrei em seu consultório, onde ele me esperava imóvel, congelado, de cara fechada, e contentemente lhe perguntei quais eram as novidades. Ele não respondeu, mas me perguntou, num tom que eu não conhecia nele, *o que eu queria*. "Conversar, te ver...", respondi, surpresa. E o que mais?

UM
PAI

Magoada, respondi que teria que fazer uma operação, que não tinha o dinheiro necessário e que, por conseguinte, esperava que ele pudesse me dar. Sua única resposta foi *não*; em seguida, ele se levantou para encerrar a "sessão". Nenhuma pergunta sobre minha saúde. Incrédula, tentei "acordá-lo", mas foi em vão — ele me disse *não* outra vez, segurando a porta aberta diante de mim. Meu pai nunca tinha me tratado daquele jeito. Pela primeira vez, eu estava tratando com um estranho. Na calçada da *rue de Lille*, jurei que só ia rever aquele *sujeito* em seu leito de morte.

Foi só bem mais tarde, tarde demais, que Gloria me contou que, naquela época, ele – já – dizia não a todo mundo. Ela me viu sair transtornada. Eu tinha

··· 107 ···

UM PAI

contado tudo a ela, por que ela não comentou nada na ocasião?

No começo do mês de agosto de 1981, Gloria – sempre ela – telefonou para minha casa para me aconselhar – e com que insistência – a visitar meu pai em Guitrancourt. Não estava transmitindo um pedido de meu pai, mas ela estava segura, dizia, de que isso o agradaria muito. Em suma, ela me indicava meu dever de filha. Foi nesse dia que ela me explicou o que tinha acontecido um ano e meio antes, e que revelou o que eu ignorava completamente: que meu pai não ia muito bem (ah, o eufemismo!). Não precisei de mais nada – sem ressentimento, eu queria vê-lo o mais rápido possível. Contudo – mas por que, afinal? –,

Gloria marcou o reencontro para o fim do mês. Duas ou três semanas passaram e, emocionada, eu me preparava para rever meu pai. À véspera do encontro que – eu lembro claramente – devia acontecer num domingo, recebo outra ligação da Gloria, dessa vez para cancelar tudo. Meu pai ia ser hospitalizado com urgência "para fazer exames". Onde? Impossível de saber. (Meu Deus, como eu era "jovem"! Como foi que não exigi que me dissessem onde estava o *meu* pai?) Quanto à gravidade da situação, a secretária, tendo passado do serviço do Mestre ao de sua filha – a outra –, evitou me informar. Uns quinze dias depois, parti para Viena onde trabalharia, durante certo período, como tradutora para uma organização internacional. No dia 9 de setembro, no meio da tarde, em meu escritório, recebo uma ligação de meu irmão. Meu pai, dizia ele, ia morrer à noite. Eu tinha que pegar o primeiro avião. Como se a gente pegasse um avião como se pega um táxi. Eu me encontrava na periferia de Viena, e meu passaporte, bem como minhas coisas, estavam no hotel, no centro. Era materialmente impossível voltar a Paris no mesmo dia, e tive que me decidir por partir na manhã seguinte. Fiquei como que em estado de choque. A morte do próprio pai é inimaginável. Incapaz de ficar sozinha, pedi a uma colega que "jantasse" comigo e, depois que ela foi embora, fiquei no restaurante até tarde da noite, bebendo taça atrás de taça.

Chegando em Paris, telefonei do aeroporto. Meu pai *não era mais*. Fui direto

UM
PAI

para a rua d'Assas, onde morava Judith, para onde o corpo de meu pai tinha sido transportado.

Acusei meu irmão – que conseguiu arrancar de Gloria a informação de onde meu pai estava hospitalizado e que, forçando a barragem de Judith, esteve presente todos os dias à cabeceira do leito dele – de ter escondido de mim *até o último momento* – certo de que meu pai ia morrer – a extrema gravidade da operação pela qual ele passou, bem como seu estado geral – a morte rondava sem parar –, tratando-me mais uma vez como se eu fosse um ser de segunda categoria. A explicação que ele me deu foi: ele perguntava todos os dias se meu pai queria me ver, ao que – sempre, sem parar – ele respondia *não*. E quanto a ele, meu

UM PAI

irmão, será que ele perguntou se meu pai queria vê-lo?

Sei que no hospital, depois da operação, ocorreu a meu pai, por não mais que um instante, recuperar a lucidez, a memória do que havia sido. Tenho certeza de que, se eu estivesse lá, ele teria, em algum momento, me re-conhecido, e os anos que se seguiram teriam sido, para mim, bem menos difíceis.

UM PAI

O enterro do meu pai foi dupla-
mente sinistro. Primeiro, porque enterrei
meu pai. Depois, porque eu queria que
as pessoas que o amaram estivessem presentes. Tirando proveito de meu torpor,
da ausência de reação de meu irmão e de
seu estatuto privilegiado, Judith decidiu
sozinha fazer aquele enterro "na intimi-
dade", aquele *enterro-sequestro* anunciado
só *a posteriori* na imprensa, e no qual tive
que suportar a presença de alguns fula-
ninhos da Escola da Causa Freudiana,
cujas mãos me abstive de apertar. Judith
e Miller organizaram tudo. O "clã" estava presente em massa – Thibaut e
eu parecíamos presenças indesejáveis

UM PAI

(somente Marianne Merleau-Ponty veio me dar um abraço). "Bando de traidores", pensei.

A apropriação *post-mortem* de Lacan, de *nosso* pai, começava. Mas como reagir quando se está em luto, tendo que lidar com manipuladores calculistas? Foi tudo muito rápido. Depois, passei a me opor a Judith – cada vez com mais determinação, com o passar dos anos – sempre que julguei necessário; mas, naquele momento, estava com a cabeça em outro lugar. No dia seguinte ao enterro, parti de volta a Viena.

Muitos anos depois da morte do meu pai, passei por Guitrancourt, onde ele está enterrado, na volta de um fim de semana em Honfleur com meu namorado do momento*. Eu não tinha mais carro naquela época, e aproveitei a oportunidade – um passeio fora de Paris, um veículo – para lhe fazer uma visita.

O cemitério de Guitrancourt fica numa colina, no limite do vilarejo. Felizmente, o portão está sempre aberto, o que permite entrar nele sem ter que falar com ninguém. Pedi a meu amigo

---

* Nota do tradutor: Sibylle estava voltando da costa norte da França, na região da Normandia.

UM PAI

que esperasse na parte baixa, na estrada. Queria ver meu pai sozinha, sem testemunhas, *a sós*. (Deixemos de lado a reação contrariada e birrenta do rapaz.) Tratava-se de um encontro privado, íntimo.

Subi por entre os túmulos floridos (flores artificiais?) até chegar ao de meu pai, situado no alto do cemitério. Encontrei uma laje feia de cimento com seu nome e as datas de costume (nascimento – morte). Fiquei emocionada. Fazia tantos anos que não nos falávamos.

Era um dia bonito e frio, de ar fresco. Eu levava comigo uma rosa vermelha. Coloquei-a cuidadosamente sobre a lápide, procurando por bastante tempo a posição ideal – em seguida, fiquei imóvel. Esperava que o contato fosse estabelecido. A coisa era ainda mais difícil, pois havia um "imbecil" me esperando lá embaixo, e seu mau humor me distraía. Tentei em vão me concentrar, estar presente por inteiro.

Em desespero de causa, coloquei a mão sobre a pedra gelada, até que ela queimasse de frio. (Com muita frequência, no passado, nós nos dávamos as mãos.) Aproximação de corpos, aproximação de almas. A magia acontece. Enfim eu estava com ele. *Querido papai, eu te amo. Você é meu pai, você sabe.* Ele com certeza me ouviu.

De volta a Paris, no meio da noite, escrevi uma longa carta a uma amiga que, eu lembro, terminava assim: "Não se deve deixar os mortos sozinhos demais."

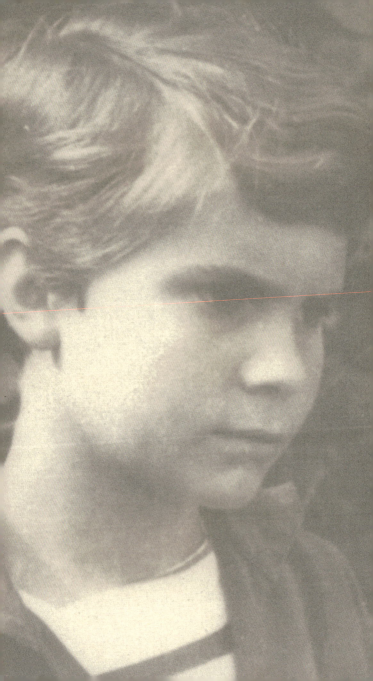

EPÍLOGO

O "ÚLTIMO SONHO"*

Sonhei que meu pai se curava (ele não estava morto) e nós nos amávamos. Era uma história só entre ele e eu. Se havia outras pessoas presentes, eram somente figurantes, eu sequer olhava para elas e elas não interviam de nenhuma forma.

Era uma história de amor, de paixão. Havia também o risco constante de que

---

* Extraído de meu diário, Viena, 19 de setembro de 1981. Sonho anotado tal qual ao despertar.

UM PAI

ele morresse, pois sua "ferida" podia, a qualquer momento, abrir de novo e ele não estava sendo prudente. Eu estava com medo, mas isso não dependia de mim.

RÉQUIEM[*]

luz. o leve martelar de passos. no bando, crianças, flores. o caminho conduz suavemente ao cemitério. imagem fixa e em movimento. foi ali que chorei: fechada num caixão a morte ainda palpável é confrontada pela última vez com as cores. ar em movimento, horizontes verdejantes das colinas, palpitação do mundo.

[*] Extraído de meu diário, Paris, outubro de 1981. O enterro: esboço.

Em *Jacques Lacan:* esboço de uma vida, história de um sistema de pensamento, lançado em setembro de 1993, Élisabeth Roudinesco evoca, no final do capítulo "Túmulo para um faraó", os últimos momentos de meu pai.

Ela escreve: "[...] bruscamente, a sutura mecânica se rompeu, provocando uma peritonite seguida de septicemia. A dor era insuportável. Tal como Max Schur à cabeceira de Freud, o médico tomou a decisão de administrar a droga[*]

---

[*] Na segunda impressão, a "droga" substitui a "dose de morfina".

necessária a uma morte suave. *No último instante, Lacan fuzilou-me com o olhar*****.

Quando li essa última frase, fui tomada de um desespero indizível. Eu me desfiz em lágrimas que rapidamente se transformaram em soluços convulsivos. Deitada no sofá da "grande sala", afundei numa torrente de lágrimas ardentes que não pareciam querer acabar.

A ideia de que meu pai tinha se *visto* cair no nada, que ele soube, num átimo, que *não mais seria*, me parecia insuportável. Sua fúria naquele instante, sua não-aceitação do destino comum a *todos* os

---

* O grifo é meu.
** Nota do tradutor: ROUDINESCO, Élisabeth. *Jacques Lacan: esboço de uma vida, história de um sistema de pensamento.* Tradução Paulo Neves. São Paulo: Companhia das Letras, 2008, p. 551.

UM PAI

homens o tornava ainda mais querido para mim, pois eu o reconhecia inteiramente naquele gesto: "obstinado", conforme as palavras que lhe são atribuídas.

Acredito que foi nesse dia que me senti mais perto de meu pai. Desde então, não chorei mais ao pensar nele.

agosto de 1991 – junho de 1994

Este livro foi impresso em julho de 2023
pela Gráfica Paym para Aller Editora.
A fonte usada no miolo é Baskerville corpo 12.
O papel do miolo é Pólen Soft LD 80 g/m².